Grundschrift

Handschrift lernen, üben und verbessern

Das Werk einschließlich aller seiner Teile ist urheberrechtlich geschützt. Jede Verwertung außerhalb der Grenzen des Urheberrechtsgesetzes ist ohne Zustimmung des Autors und des Verlages unzulässig und strafbar. Das gilt insbesondere für Vervielfältigungen, Übersetzungen, Mikroverfilmungen und die Einspeicherung und Verarbeitung in elektronischen Systemen.

Printed in Germany
Herstellung und Verlag: BoD - Books on Demand, Norderstedt
Copyright für Konzept, Gestaltung und Schreibvorlagen: Vasco Kintzel

ISBN 9783754314005

Die Grundschrift als Schreibschrift?

Die Grundschrift ist eine Ausgangsschrift, die im Grundschulunterricht seit 2005 verwendet wird. Die Grundschrift wird als Erstschrift unterricht. Idee der Grundschrift ist, den Schülern aus den handgeschriebenen Druckbuchstaben die eigene Entwicklung zur persönlichen Handschrift zu ermöglichen. Momentan steht die Grundschrift in Hamburg, Niedersachsen und Nordrhein-Westfalen zur Auswahl. Sie wird jedoch meiner Erfahrung nach inzwischen auch in anderen Bundesländern als Ergänzung zur gewählten Ausgangs-Schreibschrift verwendet, da sie das Lesen-lernen anfangs erleichtert. Da die Grundschrift den Druckbuchstaben in Schulbüchern ähnelt, können Erstklässler die Texte in Druckschrift in Schulbüchern und vorgedruckten Übungsheften schneller lesen wenn sie die Grundschrift schreiben (und lesen) können.

Die Grundschrift ist also genau genommen keine Schreibschrift. Sie wird nicht verbunden geschrieben und besteht aus Einzelbuchstaben. Aus diesem Grund ist sie zwar für Lehrkräfte einfacher zu lesen und wird von Schülern deutlicher geschrieben – sie lässt sich jedoch nicht schnell und flüssig mit der Hand schreiben. Dieses Dilemma macht sich oft erst in späteren Klassenstufen bemerkbar, wenn große Textmengen schnell und lesbar geschrieben werden müssen. Die Grundidee, dass sich Kinder nach dem Erlernen der Grundschrift, ihre eigene flüssige Handschrift selbstständig erarbeiten würden, ist mehr Wunschdenken als Realität. Da Kritik an unleserlichen Handschriften von Lehrkräften meist ohne praktische Änderungsvorschläge vorgebracht wird, ist es den Kindern nicht möglich, ihre Handschrift selbst zu verbessern. Nicht selten findet man als Kritik nur noch einen Stempel unter den Texten: „Schreib schöner!". Wie lernen Kinder aber „schöner" zu schreiben wenn sie keine Anleitung oder konkrete Verbesserungsvorschläge erhalten?

Kinder und Erwachsene, die mit unleserlichen oder zu langsamen Handschriften zu mir kamen, hatten alle die Grundschrift bzw. Druckschrift als erste Handschrift gelernt. Anschließend wurden Sie in einer verbunden Schreibschrift, meist der *Vereinfachten Ausgangsschrift (VA)*, unterrichtet, die sich ebenfalls nicht als flüssig zu schreibende Schreibschrift eignet. Alle Schüler hatten ähnliche Probleme: Auf der Grundlinie tanzende Wörter und Mischungen aus Druckbuchstaben und verbundenen undeutlichen Schreibschrift-Buchstaben. Ein schnelles *und* lesbares Schreiben war ihnen nicht möglich. Ihre Handschriften wiesen ein typisches „Sägezahnmuster" mit undeutlichen Ausformungen der Buchstaben auf. Typisch dafür sind z.B. ein oben nicht geschlossenes kleines „a" und „d". Die betroffenen Personen können ihre eigene Handschrift oft selbst kaum lesen und haben große Probleme, mit ihren eigenen Aufzeichnungen zu lernen. Das setzt sich in der weiteren Schulzeit fort. Bestehen bereits Probleme mit der gelernten Grundschrift und der VA-Handschrift, können Sie mit der Anleitung:
Vasco Kintzel, Lateinische Ausgangsschrift, ISBN: 9783753453767, Ihre Handschrift oder auch die Ihres Kindes mit ähnlich einfacher Methode umlernen. Wenn Sie keine Probleme beim Schreiben der VA haben, brauchen Sie diesen Hinweis nicht weiter zu beachten.

Schreiben ohne Linien?

Wer schon vorgeblättert hat, wird feststellen, dass die ersten Übungsblätter entgegen den aus der Schulzeit bekannten Schreibheften nicht mit Linien sondern mit Quadraten bedruckt sind. Beim Erlernen und Automatisieren von Schriftzeichen muss das Auge beim Schreiben die Form und Proportion des jeweiligen Buchstaben gut erfassen können. Genau dafür eignet sich ein quadratischer Rahmen als Umgrenzung ideal. Meine Erfahrungen im Erlernen und Lehren von Schriften hat gezeigt, dass sich die in der asiatischen Kultur verwendete Methode, Schriftzeichen in Quadraten zu üben, bestens für schnellstes Lernen bewährt hat. Wer 2.000 Schriftzeichen lernen muss, wie Japans Schüler, greift auf die beste Methoden zurück. Die hier vorgestellte Lehrmethode unterscheidet sich deshalb von Ihnen bekannten Methoden. Sie eignet sich hervorragend dazu, sich neue Schriftzeichen einzuprägen – und das wesentlich schneller als mit dem ausschließlichen Üben der Schrift auf Linien.

Noch ein Wort zum Schreibwerkzeug:
Meiner Erfahrung hat gezeigt, dass für die Übungen ein Bleistift der Härte HB oder besser B am besten geeignet ist. Natürlich können die Übungen auch mit anderen Stiften oder einem Füller ausgeführt werden.

Andere Bücher lehren die Buchstaben in der Reihenfolge ihrer Ähnlichkeit. Ich halte das hier nicht für zielführend. Gerade die Abwechslung der Buchstaben führt zu einem spannenderen Erlernen.

Am Anfang üben wir Einzelbuchstaben in kleinen Quadraten, die alle ausgefüllt werden. Schreiben Sie dabei zügig und nicht sehr langsam, auch wenn einmal ein Buchstabe nicht so perfekt werden sollte. Hier kommt es eher darauf an, die Schreibbewegung der Hand beim jeweiligen Buchstaben zu automatisieren und sich gleichzeitig die Form und Proportionen des Buchstabens optisch einzuprägen.

Anschließend erfolgt das Schreiben auf Linien. Dabei werden oft vorkommende Worte geübt und deren Wortbild bereits vom Gehirn abgespeichert.

Schreibhefte mit diesem Lernkonzept können im Buchhandel oder online erworben werden: Informationen finden Sie am Ende dieses Buches.

Viel Vergnügen!

Das Alphabet der Grundschrift:

a b c d e f g h i
j k l m n o p q r s
t u v w x y z ä ö ü

A B C D E F G H I
J K L M N O P Q R S
T U V W X Y Z
Ä Ö Ü
? !

a a a

a

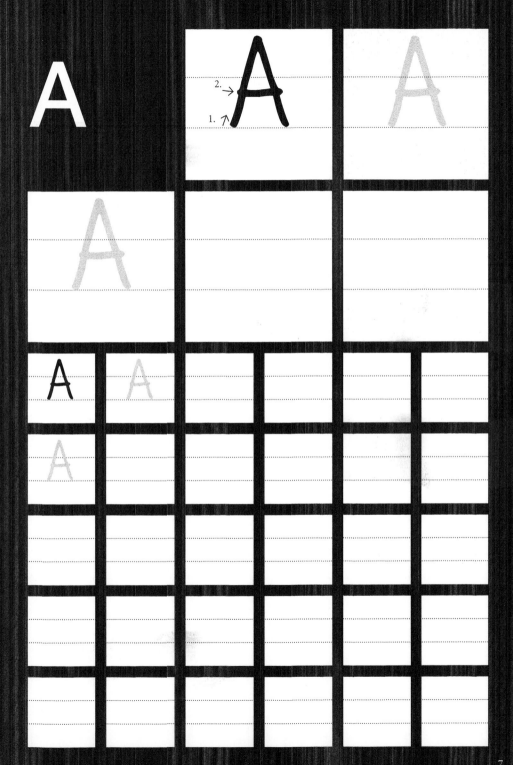

b

B B B

2. →
1. ↓

C

d

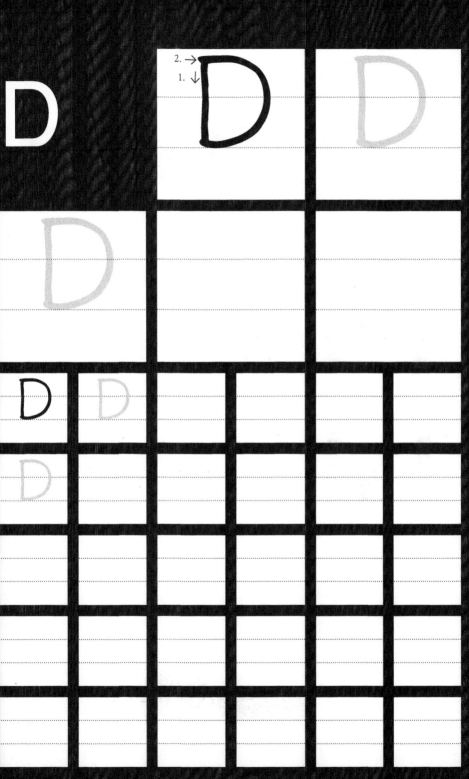

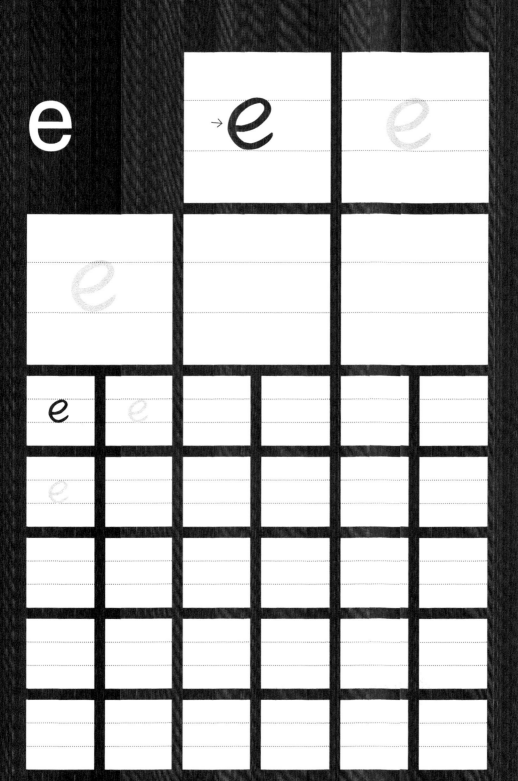

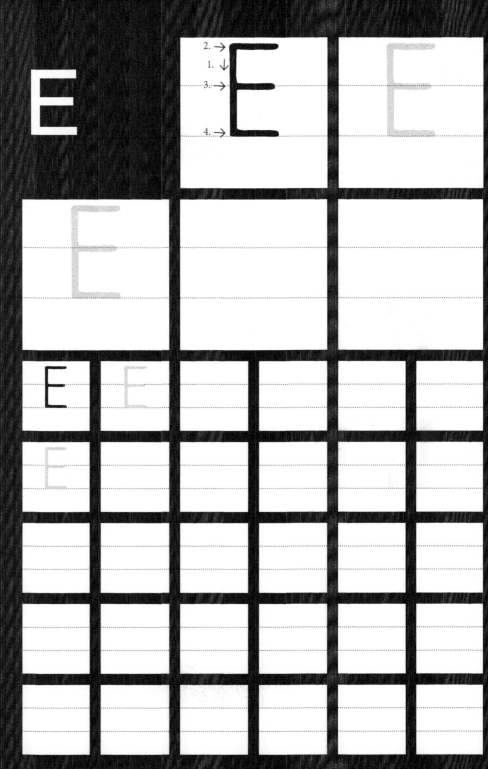

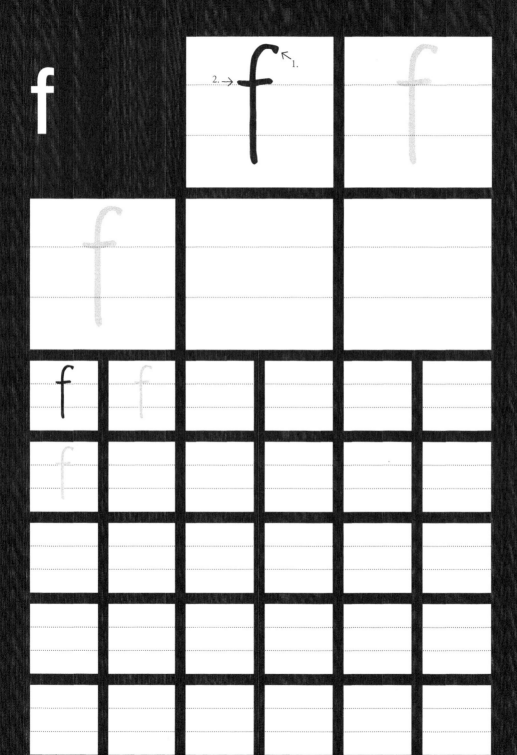

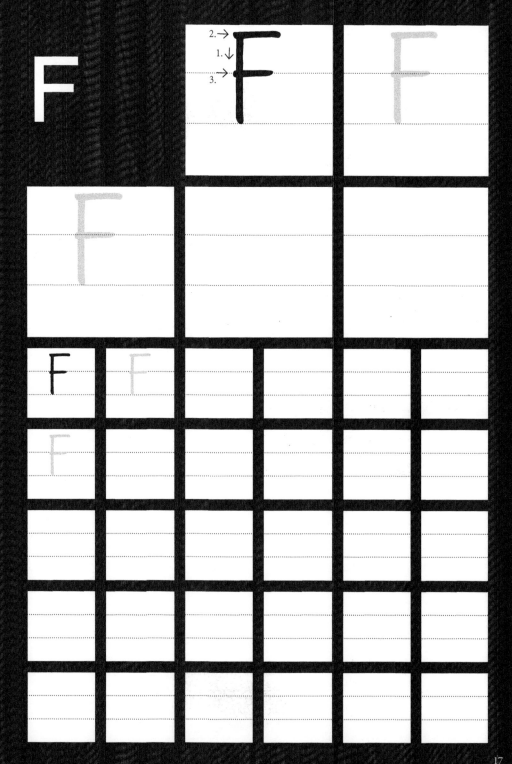

g

G

h

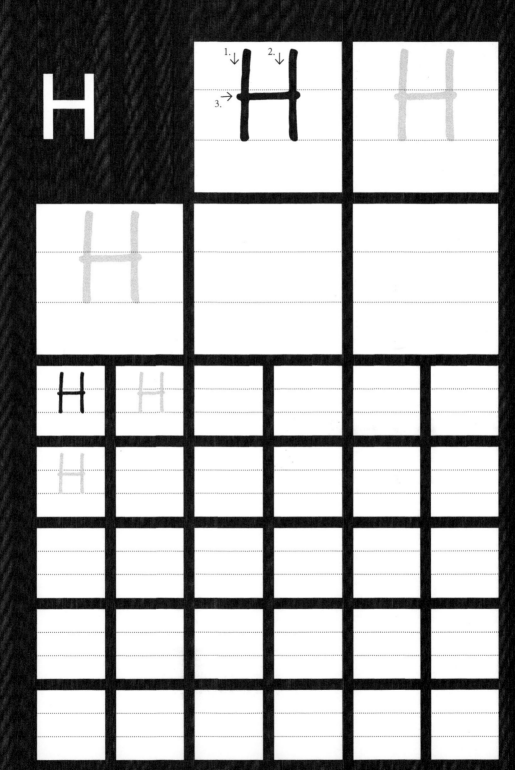

i

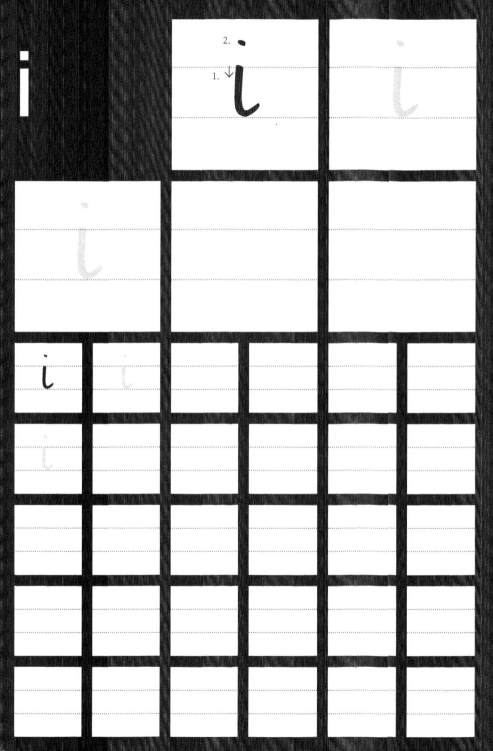

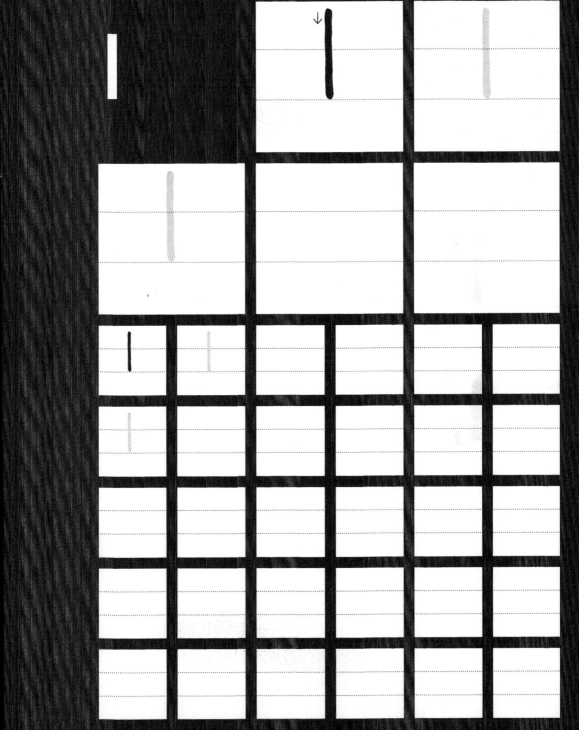

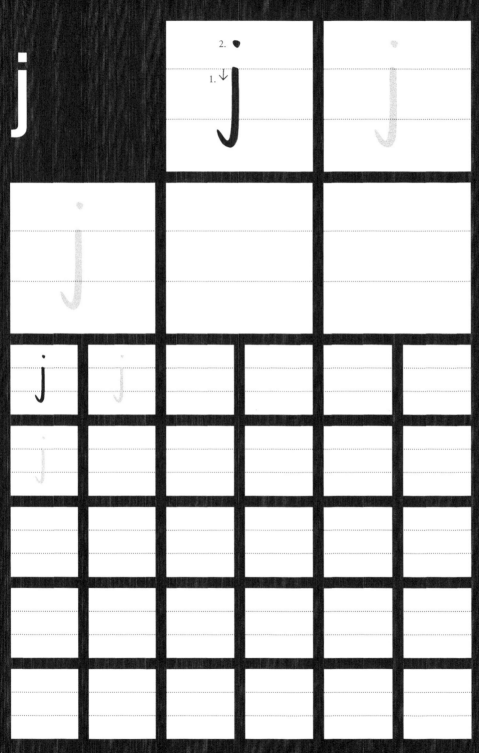

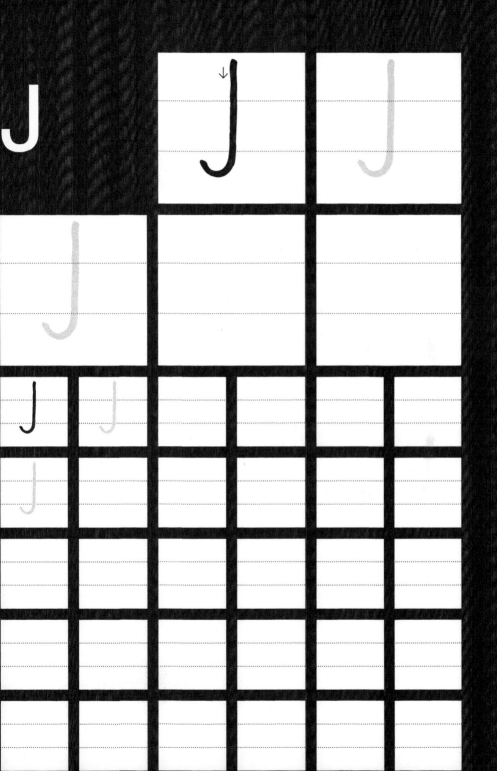

k

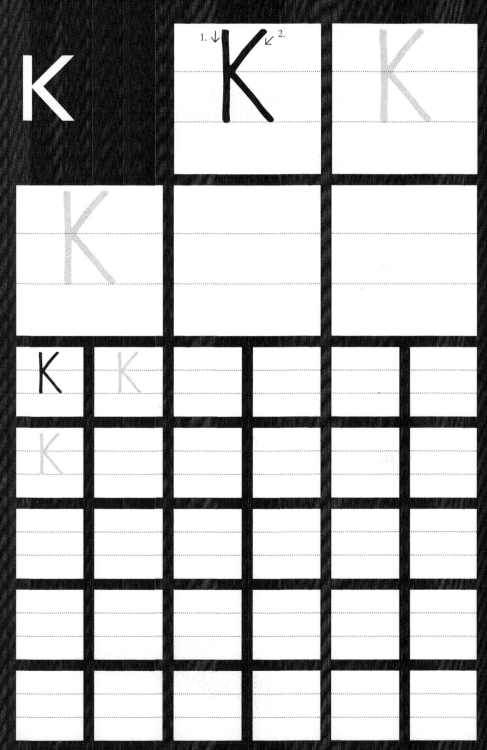

l

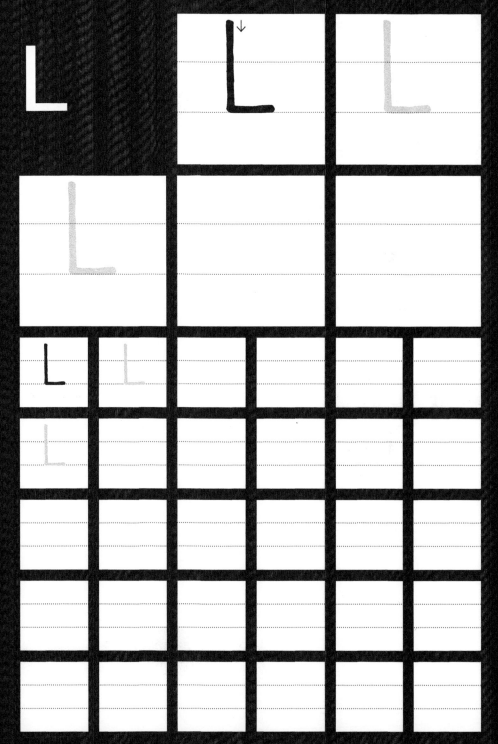

m   m   m

m

m   m

m

M M M

M

M M

M

n   n   n

n

n   n

n

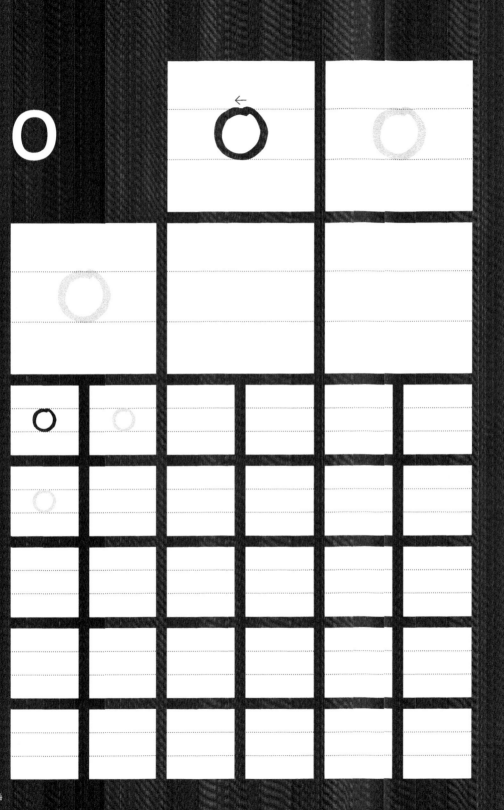

p

P	2.→ 1.↓ P	P
P		

P	P				
P					

q

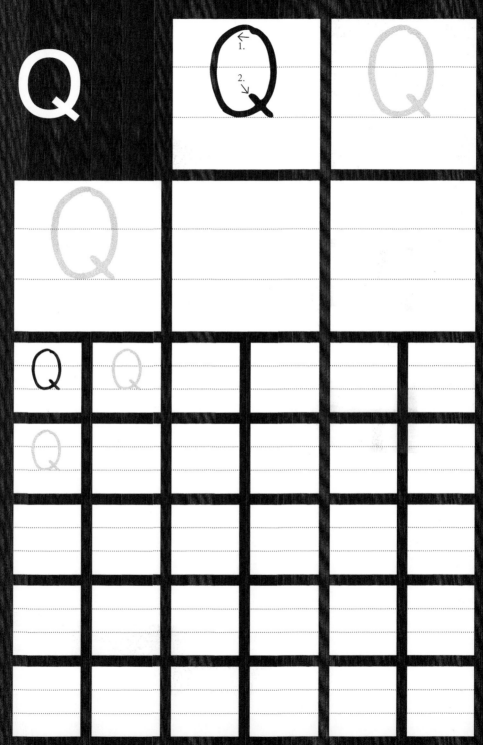

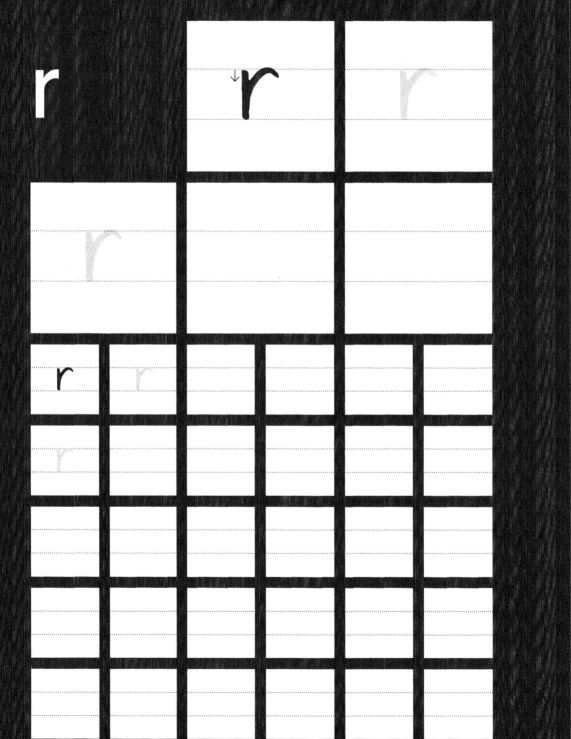

2. →
1. ↓

S S S

S

S s

s

S S S

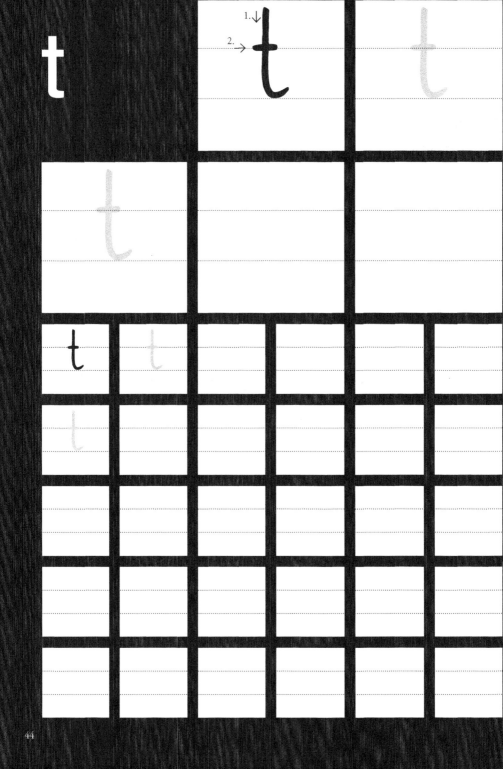

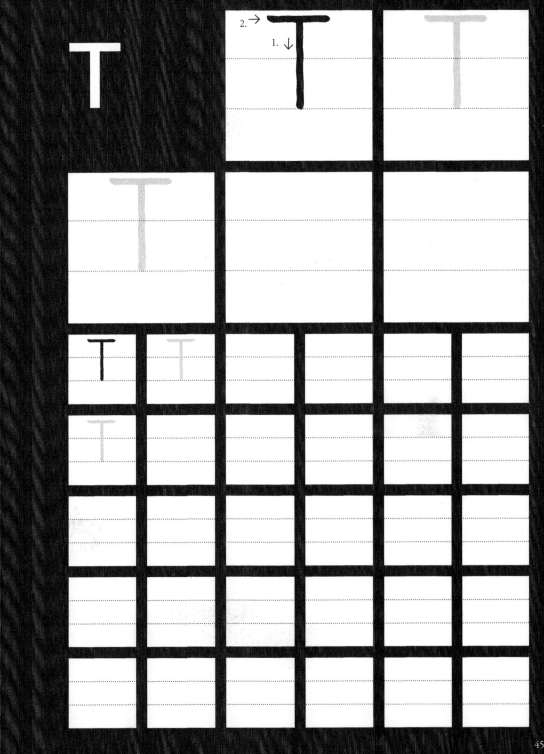

u

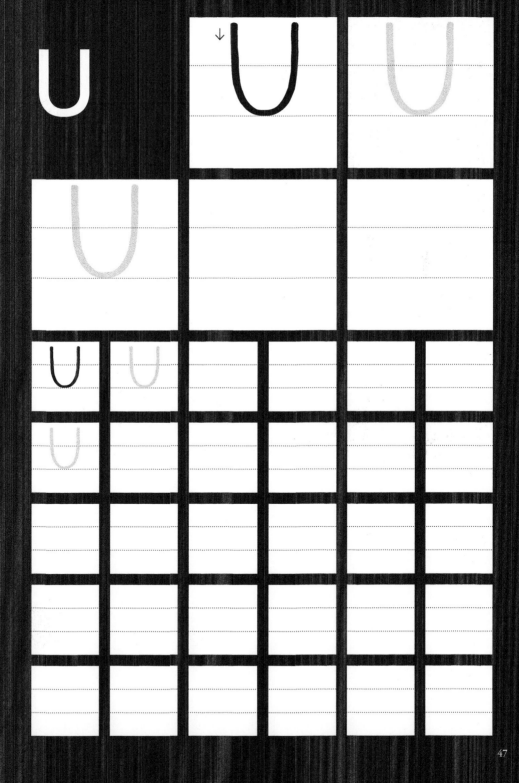

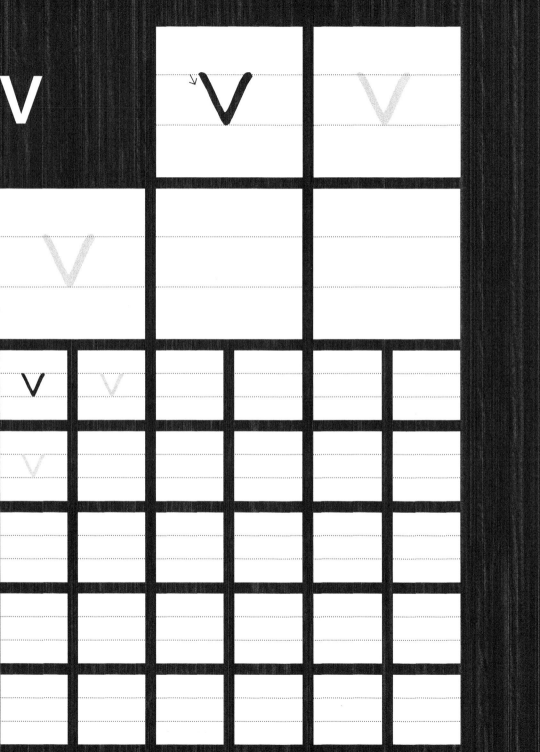

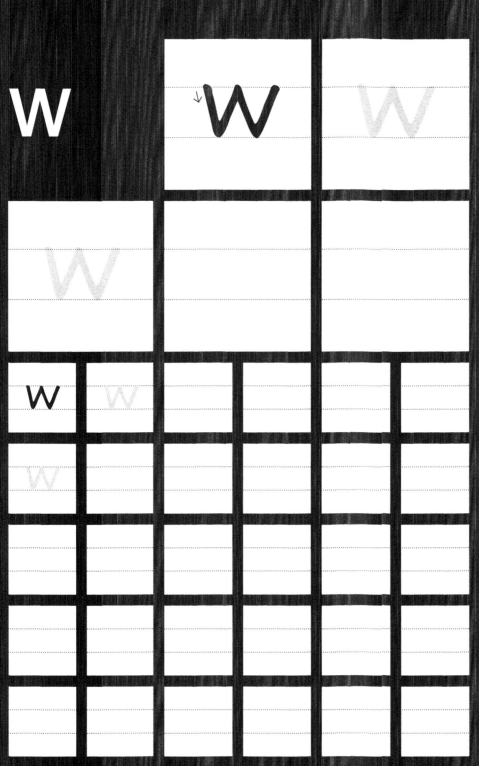

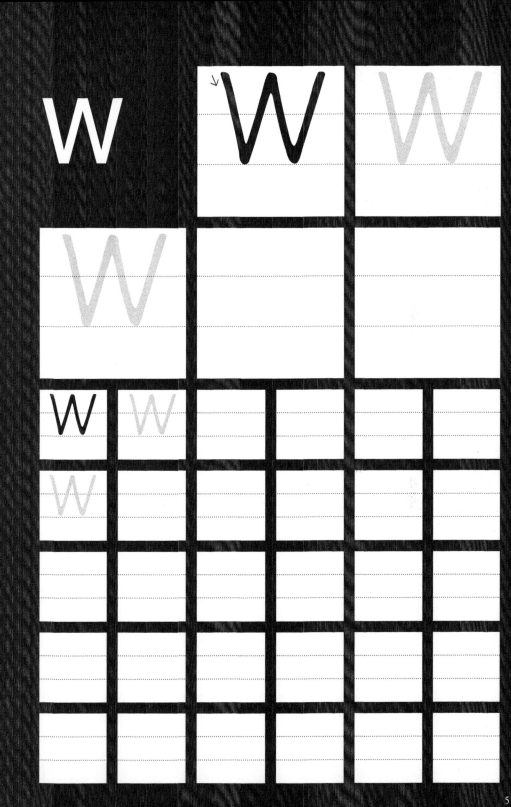

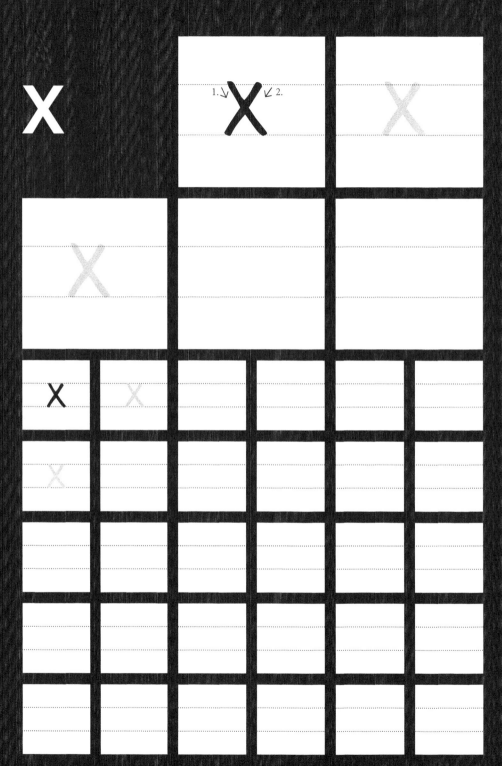

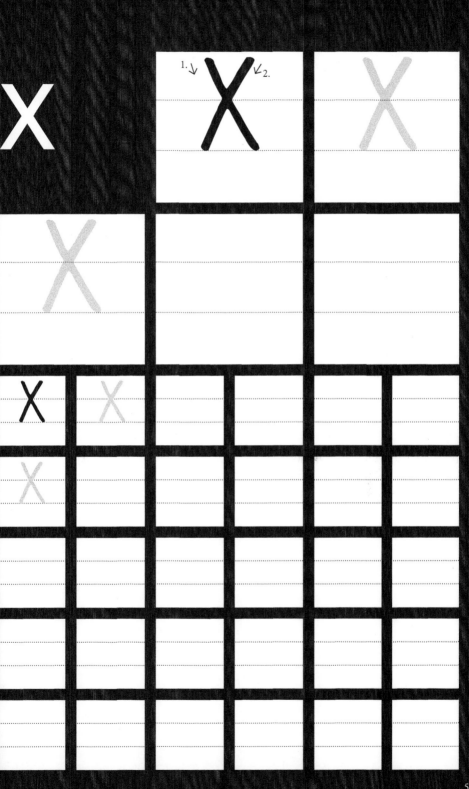

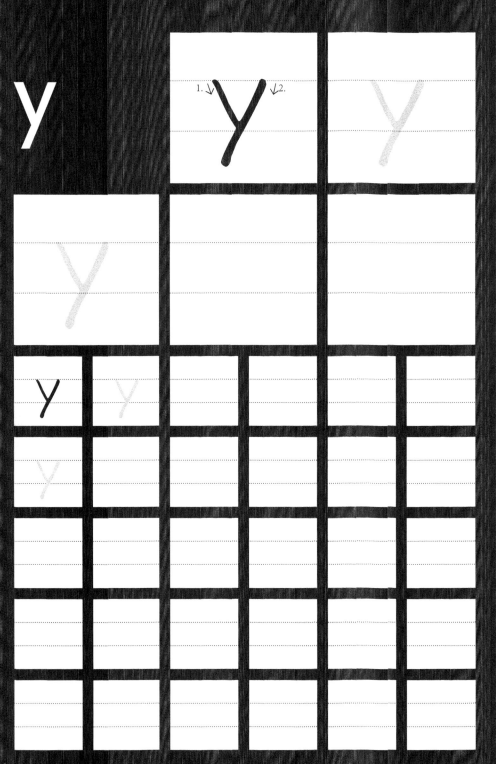

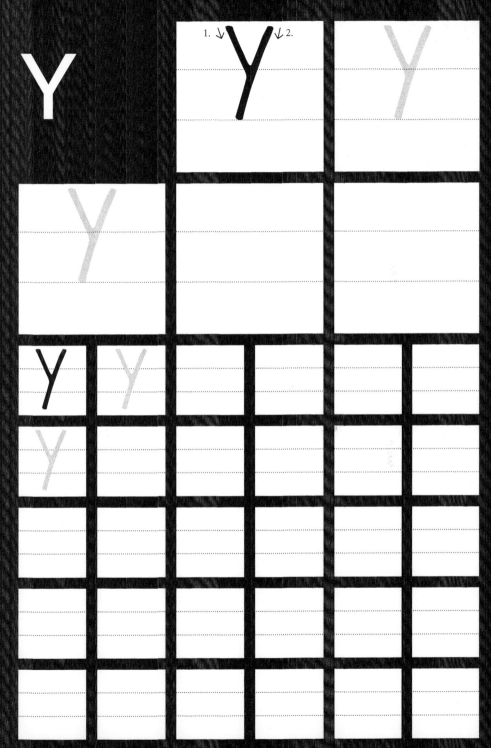

z   z   z

z

z z
z

Z z z
z
z z
z

β

ä

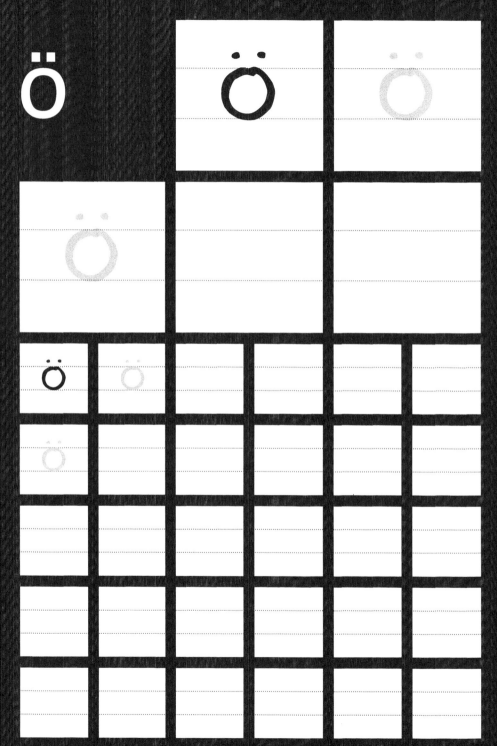

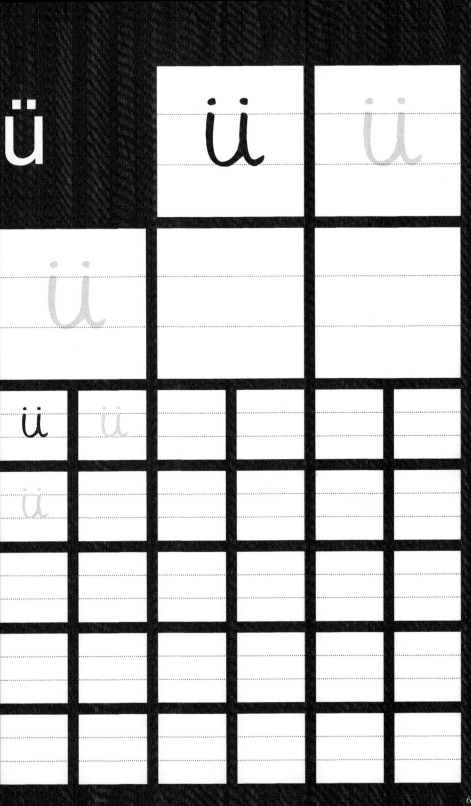

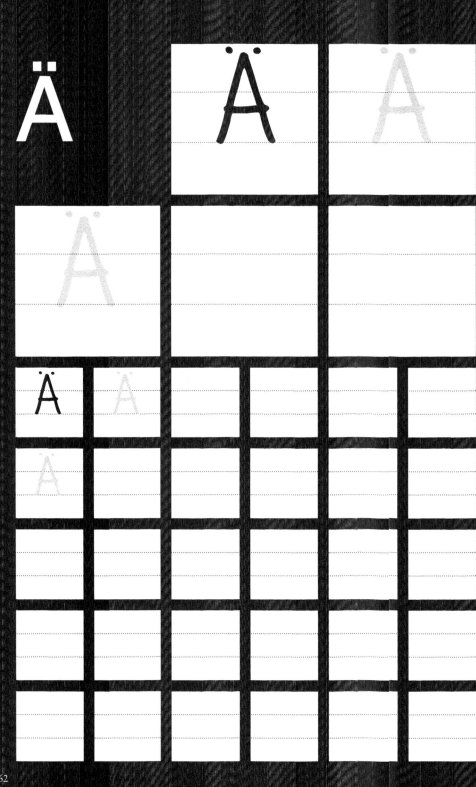

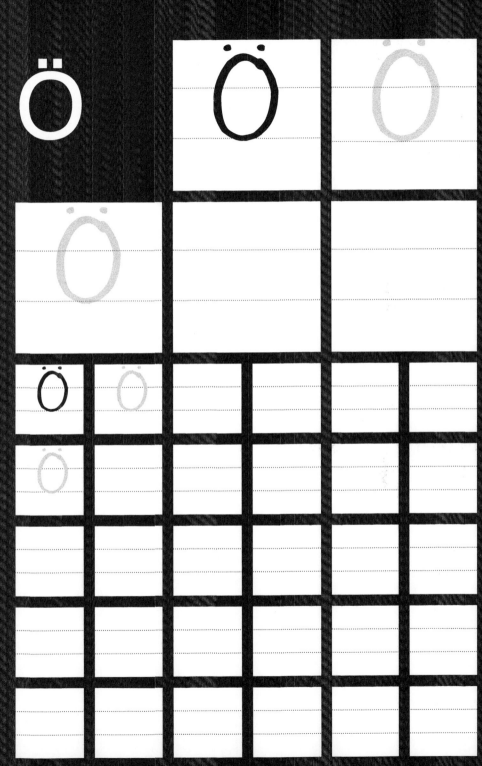

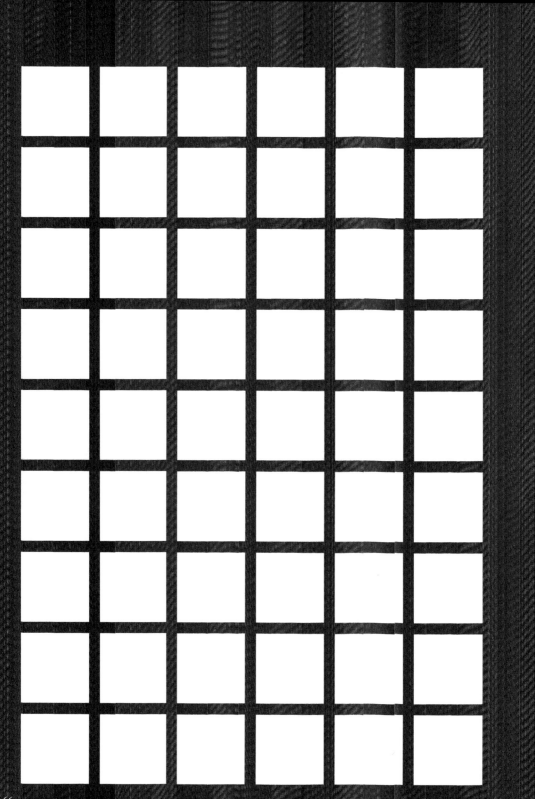

Üben von Worten und Texten

Bevor wir mit dem Schreiben von Texten beginnen, vertiefen wir die Buchstabenverbindungen durch das Schreiben von einzelnen Worten, die sich so gut in ihrem Wortbild einprägen.

am, aber, ach, also, als

Apfel, Arzt, Angst, Art

bei, bauen, bringen, blau

Buch, Bein, Bub, Baustelle

echt, nicht, Nichte, noch

Christkind, China, Chor

da, durch, dann, den, dass

Dank, Dach, Dinkel, Dusel

es, erst, essen, eins, eilen

Esel, Eis, Enkel, Eltern

fast, fallen, fischen, frei

Fisch, Finger, Faust, Fett

gehen, gerne, ging, gut

Geld, Gast, Gefahr, Glut

laut, leise, links, lernen

Liebe, Last, Ludwig, Lamm

meine, merken, melden, mir

Mutter, Maus, Marmelade

nichts, nein, nur, niesen

Nase, Nuss, Nichte, Nadel

ohne, oh, oder, ordnen, oft

offen, Sonne, oder, ohne

Ostern, Onkel, Opa, Ofen

passen, pink, peng, preisen

Paul, Preis, Pistole, Pferd

quer, qalmen, quadratisch

Quark, Qualle, Quatsch

quer, bequem, qualmen

reisen, rechts, ringen, rufen

Ritter, Rose, Reise, Roller

sehen, sich, selbst, sieben

Sachen, Salz, Schaum, Set

tut, tanken, tosen, teeren

Tal, Tasse, Tisch, Test, Tafel

und, um, ulkig, unter

Ufer, Uhu, Ulme, Uhr

vor, viel, vielleicht, vier

Vers, Vase, Vater, Fass

wann, wem, wohin, wer

Wetter, Welle, Wasser, Wurm

warm, wandern, wollen, wir

Axt, Mixer, fix, Text, Max

Xing, Xylophon, Xaver

typisch, mystisch, by by

Ypern, You, Yes, Yeah!

zeigen, zäh, zerren, Zucker

Zahn, Zaun, Zirbel, Zahl

heiß, weiß, schießen,

schließen, scheußlich, saß

Das Wetter ist heute super! Die Sonne scheint und es ist sehr heiß. Meine Freunde essen ein Eis und freuen sich. Im Urlaub ist es schön. Ich gehe heute Abend auf eine Party und tanze. Der Eisbär im Zoo schaut zu. Im Laden gibt es viele Süßigkeiten zu kaufen. Wir zahlen mit der Scheckkarte. Dann rennen wir los. Ohne zu überlegen, legen wir uns im Park auf die Wiese und schlafen ein.

Für viele Menschen sind diese Farbkombinationen mit Sport, Aufregung und Urlaub verbunden. Die Palette richtet sich häufig an junge Erwachsene. Farbtöne werden häufig dazu genutzt, Exotik und Abenteuer zu vermitteln. Es ist nicht ungewöhnlich, die intensiven Farben mit helleren Farben des Spektrums zu kombinieren. Die Augen entspannen.

Jetzt dazu bestellen:

Blanco-Übungshefte
mit Quadrat- und Linienvordruck
zum intensiven Üben

Vasco Kintzel
Übungsheft Schreibschrift
Q1

Vordrucke mit Übungsquadraten nach Anleitung dieses Buches zum intensiven Üben einzelner Buchstaben der Schreibschrift.
48 Seiten, mit Klammer geheftet

Im Buchhandel oder online erhältlich:

ISBN: 9783753471365

Vasco Kintzel
Übungsheft Schreibschrift
L1

Vordrucke mit Lineatur nach Anleitung dieses Buches zum intensiven Üben einzelner Buchstabenverbindungen und Worte der Schreibschrift.
48 Seiten, mit Klammer geheftet

Im Buchhandel oder online erhältlich:

ISBN: 9783753471372